Scheherazade 43

Stefan Koppermann, Rüdiger Schneider

Scheherazade 43

Zeitschrift für Literatur

Bibliografische Information der Deutschen
Nationalbibliothek: Die Deutsche
Nationalbibliothek verzeichnet diese Publikation in
der Deutschen Nationalbibliografie; detaillierte
bibliografische Daten sind im Internet über
http://dnb.d-nb.de abrufbar.

ISBN: 9783754372692

Herstellung und Verlag: BoD - Books on Demand,
Norderstedt

Inhalt

Vorwort 8

Bodypainting (Rüdiger Schneider) 10

Im Schloss (Stefan Koppermann) 29

Nirwana Digital (Stefan Koppermann)..... 30

Hank (Stefan Koppermann) 30

O Mito do Boto (Flavia Costa) 31

Land-Art (Rüdiger Schneider) 32

Stille Vernissage (Rüdiger Schneider) 34

La Boheme – Eine Bilderreise (Stefan Koppermann) 36

Das Posthaus auf dem Brenner (Rüdiger Schneider) 40

Chinesische Wasserträgerin (Angélique) 51

Blaue Geige 01 (Stefan Koppermann) 53

Blaue Geige 02 (Stefan Koppermann) 54

Regensburger Rhapsodie (Stefan Koppermann) ….. 55

Lolita (Stefan Koppermann) ….. 55

Ohne Titel (Stefan Koppermann) ….. 56

Fantasie (Stefan Koppermann) ….. 56

Ohne Titel (Stefan Koppermann) ….. 57

4 Wände (Stefan Koppermann) ….. 57

Kongo (Stefan Koppermann) ….. 58

Stangenfieber (Stefan Koppermann) ….. 59

Piano (Stefan Koppermann) ….. 60

Brechungen des Seins (Harald Reto Fonio) ….. 61

Santiago (Rüdiger Schneider) ….. 62

‚Mach aus ihm einen Prinz!' (Martha Meisenheimer) ….. 63

Das Weihwasserbecken (Rüdiger Schneider) ….. 67

Zoogeschichte (Scheng Kaminski) ….. 70

Check-In São Paulo (Rüdiger Schneider) ….. 75

Querdenker – ohne Worte (Rüdiger Schneider)
….. 79

Literaturtipps gegen Verdummung ….. 80

Vorwort

Da ist sie nun wieder, die ‚Scheherazade'. 1989 von Stefan Koppermann und mir gegründet. Aus der Lust am Erzählen. Damals hieß es: „Das Heft erscheint unregelmäßig und wird nachts vorbeigetragen." Nun sind die Abonnenten aber in aller Welt verstreut. Das Vorbeitragen durch den Nachtwächter wird schwierig. Daher dieses Mal mit ISBN-Nummer.

In den zurückliegenden 32 Jahren hat sich viel getan. Wir stecken nun mitten in einer Pandemie – ich meine nicht Corona! – sondern die Pandemie der Verblödung. Der Bürger streift sich gehorsam die Maske über, lässt sich von Politikern und Virologen tyrannisieren, das Grundgesetz beschneiden, duldet Impfzwang durch die

Hintertür, glaubt an das Märchen vom Kohlendioxid, obwohl wissenschaftlich schon längst bewiesen ist, dass das gar kein Treibhausgas ist. Was den viel beschworenen Klimawandel betrifft, bedenke man doch bitte, dass die elliptische Bahn der Erde um die Sonne sich verändern kann ebenso wie die Neigung der Erdachse (siehe den Literaturtipp gegen Verdummung!).

In diesen lausigen Zeiten liegt es also nahe, wieder Poesie und Fantasie in den Alltag zu bringen. Nicht umsonst heißt die Zeitschrift - dieses Mal ein Büchlein - ‚Scheherazade'. Die Prinzessin aus Tausendundeiner Nacht rettet gegenüber dem tyrannischen Sultan Scheherban ihr Leben durch Erzählen. So möge mit der Nummer 43 nach jahrelanger Pause die Poesie zurückkehren!

Rüdiger Schneider, Bad Breisig im September 2021

Bodypainting

Anna Maria Taufenbach malte mit Schokolade. Dabei entstanden nicht nur monochrome Bilder in Braun oder Dunkelbraun, sondern, da sie auch weiße Schokolade verwendete und dieser genießbare Pigmente zusetzte, Werke buntester Schattierungen. Meist malte sie Blumen, manchmal waren auch Schmetterlinge dabei, ab und an ein Vögelchen und manchmal auch raffinierte orientalische Ornamente. Zu der Art ihrer Malerei, das heißt zum Material, gab sie an, sie wolle damit die Genießbarkeit der Kunst anschaulich machen.

Im Fall der Anna Maria Taufenbach hieß es bei den Bildern nicht Öl, sondern 'Schokolade auf Leinwand'. Hatte sie eine Vernissage, war diese zugleich auch ihr Ende, also eine Finissage, da die Besucher mit der Zunge über die Bilder fahren und diese vollständig auflecken durften. Das taten sie auch. Denn von Anna Maria Taufenbach eingeladen zu werden, galt als besondere Ehre. Mit ihren Bildern beherrschte sie, die nicht nur im Ruf einer herausragenden Künstlerin, sondern auch einer kapriziösen Diva stand, den ganzen

Ort. Alle kamen. Der Bürgermeister, der Pfarrer, der Lehrer, der Apotheker und so weiter. Das Gesundheitsamt drückte ein Auge zu. Die Schleckerei war nicht keimfrei. Aber was sollte es. Schließlich konnte das Gesundheitsamt die Leute auch nicht am Küssen hindern. Man leckte und schleckte auf solch einer Vernissage, und hätte die Malerin gesagt: "Leute, jetzt noch die Leinwand!", man wäre ihr bereitwillig gefolgt und hätte die Jute zwischen den Zähnen zermahlen. Dass die Taufenbach ihre Bilder, statt sie zu verkaufen, verzehren ließ, konnte sie sich leisten.

Ich war zur Zeit dieser gewaltigen Kunstereignisse 28 Jahre alt, hatte ein Voluntariat angetreten bei der 'Meckenheimer Hauspost', einer lokalen Zeitung, die jeden Samstagabend in die Briefkästen der Häuser wanderte. In Meckenheim hatte ich mir eine kleine Wohnung gemietet, nicht weit von den Redaktionsräumen entfernt. In der Redaktion sind wir, mich einberechnet, nur zu viert. Da ist der Chefredakteur, der Herr Aschenbrenner, der sich ab und zu grämt, statt höheren Aufgaben nachgehen zu können, bei einem Lokalblatt gelandet zu sein. Weiter ist da Charlotte, die für die

Anzeigenaufnahme und alles Büro-kratische zuständig ist, und dann ist da noch ein Hund, Willi, ein etwas behäbiger Mops, der als Maskottchen einfach mit dazu gehört. Seine Mopsartigkeit hat man noch etwas gefördert, indem man ihn auf Süßigkeiten konditioniert hat. Er ist träge, äußerst faltig, bewegt sich kaum und liegt meistens auf einer Decke im Empfangsraum der Redaktion.

"Silvio", sagte der Chefredakteur zu mir, "morgen Abend ist wieder eine Vernissage mit der Taufenbach. Ich kenn' das schon. Dieses Mal gehst du dahin. Es ist ja immer dasselbe."

"Klar, Chef", sagte ich. "Da war ich noch nie."

"Wie auch", brummte er. "Du hast ja gerade erst bei uns angefangen. Die Taufenbach macht sowas nur einmal im Jahr. Aber das schon seit 2005."

Dann klärte er mich über die Art der Veranstaltung auf. Ich hatte noch nie davon gehört und war ganz entzückt.

"Und die Malerin?" fragte ich. "Wie sieht sie aus? Wie alt ist sie?"

"Könnte deine Mutter sein", meinte er. "Ist aber noch top. Schlank, schön, rothaarig. Du lässt bitte die Finger davon, falls du auf komische Ideen kommen solltest. Die Taufenbach ist nämlich die Frau unseres Mäzens und Zeitungsbesitzers. Also, zügel dein Temperament!"

"Klar", sagte ich.

"Gut", meinte er. "Bei Leuten mit italienischer Abstammung weiß man ja nie. Du hast jetzt nicht Gigolo-Qualitäten zu zeigen, sondern ernsthafte Arbeit und Verantwortung. Du machst ein paar schöne Aufnahmen, suchst die beste raus, nennst sie 'Top' und schickst sie als Mail-Anhang an unsere Druckerei. Das Layout für die kommende Ausgabe haben sie bereits. Den Artikel habe ich schon geschrieben. Es ist ja jedes Jahr dasselbe. Nur das Bild fehlt eben noch. Ich kann leider nicht das vom letzten Jahr nehmen. Man weiß ja nie, wer neu hinzugekommen oder gestorben ist. Also, du machst eine Totalaufnahme in den Raum hinein. Dann wird schon alles stimmen. Ich bin für drei Tage weg. Fortbildung in Berlin. Charlotte, was ich dir wegen des Hundes sagen muss, kommt mit. Aber das hast du nicht gehört. Da weißt du nichts von. Du kümmerst dich also auch um Willi. So, Junge, das ist deine erste richtige Bewährungsprobe. Du hast den Laden hier für ein paar Tage zu schmeißen. Es geht nicht anders. Schaffst du das?"

"Keine Sorge, Chef", sagte ich, "wird alles bestens."

"Ach ja", meinte er, "und noch etwas. Sollte dich die Taufenbach fragen, wer denn den Artikel schreibt, wo ich ja nicht da bin, dann sagst du einfach 'du selber'. Du hättest Kunstgeschichte studiert und schon Berichte über Events in berühmten Städten geschrieben. Dann ist sie beruhigt, und es gibt keinen Ärger."

"Aber sie merkt das doch, wenn die Zeitung erscheint", wandte ich ein. "Unter dem Artikel steht doch Ihr Kürzel, H.A., Hermann Aschenbrenner."

"Nein. Dieses Mal nicht. Da steht natürlich deins. S.F."

Die Vernissage war an einem Donnerstagabend. Unmittelbar danach hatte ich das Bild auszusuchen und an die Druckerei zu schicken. "Bis spätestens um 24 Uhr, mein Junge", hatte mir der Chefredakteur gesagt, "dann ist es vom Datum her noch fristgerecht."

Für meine Kleidung wählte ich an jenem Abend eine Mischung aus Eleganz und Vernachlässigung. 'Wählen' kann man eigentlich nicht sagen. Ich stand unter

Zeitdruck, konnte nicht richtig überlegen und suchen. Ich musste nämlich für die Kamera erst noch einen neuen Akku finden, da der alte am Limit war. So griff ich in den Kleiderschrank, wühlte und zog schließlich einen viel zu weiten schwarzen Pullover heraus mit dem Aufdruck 'Route Zero', dazu ausgefranste Jeans, rote Lederstiefel. Da es kalt war, legte ich mir einen langen Kaschmirmantel um, schwarz - mein bestes Stück, hat mich ein Vermögen gekostet - und dann fand ich in der Eile nur einen moosgrünen Schal mit dem Aufdruck 'Kiss me Kate!' Ein paar Sekunden Zeit, um ein Parfüm aufzutupfen, hatte ich aber noch. Ich überlegte kurz - 'Boris Becker' oder 'Terminator' - entschied mich dann für 'Terminator' von Arnold Schwarzenegger. Beim Tupfen vertat ich mich etwas. Das halbe Fläschchen wurde leer. Willi, der sonst immer träge war, wurde unruhig. Ich musste ihn mitnehmen, wollte ihn nicht alleine bei mir zu Hause lassen.

So kam ich also gerade noch pünktlich zur Eröffnung. Die ganze Meckenheimer Prominenz war anwesend. Ob auch der Herr Taufenbach dabei war, weiß ich nicht. Ich hatte ihn noch nie gesehen. Der

Chefredakteur hatte mir aber gesagt: "Der kommt nicht. Der leitet alles im Geheimen." Und so schien mir das auch. Denn in der Redaktion war er noch nie aufgetaucht. Immerhin war ich jetzt schon drei Monate bei der Zeitung. Große Gedanken hatte ich mir nicht darüber gemacht. So war das eben. Der Besitzer eines Unternehmens muss ja nicht vor Ort sein. Die Hauptsache, der Laden läuft. Außerdem besaß Taufenbach nicht nur die Zeitung, sondern auch noch andere Firmen in Meckenheim.

Er war also eher nicht da. Dafür natürlich seine Frau. Sie stand neben dem Bürgermeister, der die Eröffnungsrede hielt. Anna Maria Taufenbach war wirklich eine Schönheit. Sie war so, wie der Chefredakteur sie mir beschrieben hatte - groß, schlank, rothaarig und hatte eine exzellente Figur, die durch ein eng anliegendes langes schwarzes Kleid wunderbar betont wurde. Ich wäre gerne auf einer Vespa mit ihr durch Neapel gefahren. Sie hinter mir, die Arme um mich geschlungen.

Willi, der ruhig neben mir lag, interessierte das nicht. Er schielte aber manchmal zu den Bildern, die im Raum hingen, bewegte den Kopf und schnupperte. Ich beugte mich zu ihm hinab und sagte: "Nichts da! Das ist für die Prominenz. Außerdem hängen die Bilder viel zu hoch für dich."

Der Bürgermeister hatte seine Rede beendet, ein Gitarrentrio spielte ein barockes Stück. Als sie fertig waren, lächelte Anna Maria Taufenbach und sagte: "Meine lieben Gäste, die Kunst ist eröffnet, das Buffet sind meine Bilder. Sie können sich gerne ein Glas Wein oder einen Prosecco dazu genehmigen. Es ist genug da."

Bravorufe wurden laut, es wurde viel geklatscht, und dann ging eine Schleckerei los, wie ich sie noch nie erlebt hatte. Fast hätte ich vergessen, Aufnahmen zu machen. Die Meckenheimer wanderten im Raum umher, blieben vor den Bildern stehen, die in Kopfhöhe hingen, und dann wurde genascht. Eine Blume verschwand, ein Schmetterling, ein Vögelchen, ein orientalisches Ornament. Die Taufenbach hielt sich im Hintergrund, nippte ab und zu an einem Glas mit Prosecco, unterhielt sich gelegentlich mit diesem oder jenem, wobei sie sich aber nicht nur dem jeweiligen Gesprächspartner zuwandte, sondern auch aufmerksam beobachtete, was mit ihren Bildern geschah.

Ich drehte meine Runde, fotografierte in den Raum hinein. Willi war währenddessen an der Leine, die ich an die Heizung gebunden hatte. Ich war ganz in meine Aufnahmen vertieft und bemerkte nicht, dass auf einmal die Taufenbach hinter mich getreten war und mir bei der Arbeit zusah. Ich bemerkte sie erst, als sie auf meine Schulter tippte und fragte: "Sie sind von unserer Zeitung?"

Ich drehte mich um, sagte: "Ja. Von der 'Hauspost'."

"Und der Herr Aschenbrenner?"

"Der kann nicht. Der ist auf einer Fortbildung in Berlin. Ich vertrete ihn. Entschuldigen Sie bitte, ich hätte mich vorstellen sollen. Mein Name ist Silvio Frascati. Ich bin neu bei der Zeitung."

"Italiener?" fragte sie.

"Ja und Nein", antwortete ich. "Ich bin in Deutschland geboren. Meine Eltern haben ein Eiscafé in Bonn. Sie sind Italiener."

"Sie schreiben selbst über meine Ausstellung?"

"Ja", sagte ich. "Machen Sie sich keine Sorgen. Es ist ein großartiges Event. Es gefällt mir gut. Ich habe Kunstgeschichte studiert und verstehe etwas von meiner Arbeit und habe auch schon über Ausstellungen in Rom, Florenz und vielen anderen Städten geschrieben. Spontan würde ich sagen: Was Sie hier machen, das ist auch etwas für London, Paris, New York. Das ist eine Sensation, die einem Picasso oder Chagall nicht nachsteht."

Sie lächelte. "Sie wollen mir schmeicheln?"

"Absolut nicht. Wenn Sie so etwas in den Metropolen der Welt noch ein bisschen anders aufziehen, wird das ein globales Ereignis."

"Anders? Wie denn?"

"Steigern Sie den Genuss Ihrer Bilder. Wenn man beim Abschlecken auf Jute stößt, bremst das ab. Schön wäre es, wenn hinter der Schokolade das Eigentliche käme."

"Ich verstehe Sie nicht."

"Nun ja", sagte ich. "Wären diese Bilder auf der Haut einer schönen Frau, welch ein Genuss!"

"Öffentlich? Soll ich mich in den Raum legen?"

"Nein. Mieten Sie Models. Geld regelt alles. Außerdem müssen die Models ja nicht nackt herumliegen. Sie können einen Bikini tragen, einen Slip, und wären sie wirklich nackt, man würde sich darüber in den Metropolen der Welt nicht aufregen. Finden Sie noch einen guten Titel, dann läuft das. 'Sinnliche Verlockung' zum Beispiel. Oder einfach nur 'Leck mich!'"

"Hmm", meinte sie. "Schlecht klingt das nicht."

Ich wurde kühn.

"Ja", sagte ich. "Probieren Sie es einmal bei sich selbst aus. Alleine in Ihrem Atelier. Und wenn Sie wissen wollen, wie sich das Model fühlt, wenn man ihm die Schokolade von der Haut schleckt, dann bestellen Sie Ihren Mann ins Atelier. Er wird sich freuen. Sie sich auch. Und übrigens, solch eine Vernissage können Sie auch mit einem Stück Literatur verbinden, einem Zitat, zum Beispiel von Oscar Wilde. Der hat einmal gesagt: 'Der Versuchung sollte man nachgeben, man weiß nie, ob sie wiederkommt.'"

Sie schwieg, sah mich prüfend an, schien zu überlegen. Dann sagte sie: "Warten Sie bitte bis zum Ende der Veranstaltung. Dann können wir in Ruhe darüber reden."

Sie mischte sich wieder unter die Gäste, unterhielt sich angeregt mit diesem oder jenem. Manchmal warf sie mir einen Blick zu, um zu überprüfen, ob ich noch da war. Die Meckenheimer Prominenz wanderte derweil umher, spähte nach dem einen oder anderen Bild, um zu sehen, ob es noch etwas zu schlecken gäbe. Dass Anna Maria Taufenbachs Vernissage Spuren in den Gesichtern hinterließ, war nicht zu vermeiden. Denn man musste beim Genuss der Kunst ganz nah an das Bild treten, und so waren insbesondere die Nasen und auch die Stirn bunt betupft. Aber das bekümmerte niemanden, zumal auch Prosecco und Wein die Stimmung erheblich steigerten.

Bis um zehn hatte ich auszuharren, wurde auch etwas nervös wegen des Bildes, das ich noch an die Druckerei schicken musste. Aber schließlich hing nur noch die blanke Leinwand im Raum und der letzte Gast war verschwunden. Der Raum, in dem die Vernissage stattgefunden hatte, war Taufenbachs eigene Galerie, die er seiner Frau zum Geschenk gemacht hatte. So kam es, dass ich mit Anna Maria Taufenbach gegen zehn Uhr alleine war. Ach ja, und Willi war natürlich auch da. Er hatte geduldig auf dem Boden gelegen und sich selbst dann nicht gerührt, wenn ihn ab und zu jemand streichelte. Möpse ertragen alles mit Fassung. Jetzt, wo der Raum leer war, band ich ihn los. Er blieb liegen.

"Wollen wir einmal ausprobieren, wie das aussieht?" fragte mich Anna Maria Taufenbach. "Ich muss nur nach nebenan in die Küche, die Schokolade in einem Wasserbad zum Schmelzen bringen und trage mir dann vor dem Spiegel eine Blume oder einen Schmetterling auf die Stirn."

"Sie haben Ihre Malsachen hier?" fragte ich.

"Natürlich. Kurz vor dem Ereignis muss ich ja letzte Reparaturarbeiten vornehmen, kleine Ausbesserungen, Veränderungen vielleicht. Manchmal bröckelt etwas ab oder irgendeine Linie scheint mir nicht ganz gelungen."

Sie verschwand. Ich wartete im Galerieraum. Nach einer Viertelstunde kehrte sie zurück, hatte sich eine dunkelrote Orchideenblüte auf die Stirn gemalt.

"Nun, wie sieht das aus?" fragte sie mich und lächelte dabei.

"Wunderbar!" sagte ich. "Ich würde gerne eine Probeaufnahme machen, dann wissen wir, wie das fotografisch wirkt und was die beste Perspektive ist. Frontal, Augenhöhe oder Frosch."

"Bitte", sagte sie. "Wie Sie wollen. Aber die Aufnahmen sind natürlich nicht für die Zeitung."

"Selbstverständlich", antwortete ich. "Das ist völlig privat. Ich möchte doch meinen Job nicht verlieren."

Ich machte ein paar Aufnahmen, stehend, kniend, sah mir die Fotos auf dem Display an, schüttelte den Kopf.

"Nein!" sagte ich. "Nicht überzeugend. Da muss Besseres her. Vogelperspektive! Der Gott der Kunst kommt von oben. Wenn es Ihnen nichts ausmacht... Sie legen sich für einen Moment auf den Boden, schließen träumend die Augen. Ich glaube, das wird was."

Sie war einverstanden, wozu möglicherweise auch der Prosecco beigetragen hatte. Jedenfalls legte sich Anna Maria Taufenbach auf den Boden, schloss die Augen, lächelte dabei. Ich stand mit der Kamera über ihr, sah durch den Sucher, veränderte ein wenig den Winkel, drückte ein paar Mal ab. Bei dem letzten Bild, was ich im Sucher so gerade noch mitbekam, hatte sich etwas verändert. Und auf einmal sagte die Taufenbach: "Dazu hatte ich Sie nicht aufgefordert, aber es ist nicht unangenehm."

Ich ließ die Kamera sinken und sah, dass Willi dabei war, die Orchidee abzuschlecken. Ich machte eine verscheuchende Handbewegung. Willi, auch wenn er etwas zögerte, folgte und verzog sich wieder zur Heizung hin. Anna Maria Taufenbach, die ihre Augen noch immer geschlossen hielt, hatte nichts bemerkt.

Ich atmete erleichtert auf, sagte: "So. Es ist großartig. Es sieht schön aus. Das wird sensationell."

Sie erhob sich, sagte: "Sie neigen zu Übertretungen. Ich hatte sie nicht aufgefordert, die Orchidee wegzulecken. Aber ich verzeihe es Ihnen. Wenn Sie wollen, können wir noch ein Glas Prosecco trinken."

"Danke!" wehrte ich ab. "Ich muss unbedingt in die Redaktion. Sonst wird das mit dem Artikel nichts mehr. Der soll ja in der kommenden Ausgabe stehen."

Sie nickte. "Selbstverständlich. Aber dann kommen Sie bitte in den nächsten

Tagen in mein Atelier. Dann können wir uns die Fotos ansehen und über das Projekt sprechen. Rufen Sie mich bitte an!"

Sie überreichte mir eine Visitenkarte. Ich steckte sie in den Mantel, nahm die Leine mit dem Willi.

"Verraten Sie mir noch eins", meinte sie zum Abschied.. "Was benutzen Sie eigentlich für ein Parfüm? Als ich zu Beginn der Vernissage hinter ihnen stand, war es sehr angenehm. Aber eben, als sie sich über mein Gesicht beugten, war es ganz anders."

"Ach, meinte ich. "Ich weiß den Namen des Parfüms gar nicht. Und eben, na ja, eben, ich war auf dem Weg hierhin etwas in Eile und hatte mir die Zähne nicht geputzt."

"Dann machen Sie das aber bitte beim nächsten Mal!" sagte sie und lächelte wieder.

Ja, so war das mit der Vernissage. Und das war alles noch lustig und angenehm. Aber was dann kam, war ein unverzeihlicher Fehler, den ich mir selber nicht erklären kann. Das heißt, erklären kann ich ihn schon. Es passiert ab und zu, dass man zum Beispiel eine Mail schreibt oder eine SMS und vertut sich beim

Abschicken. Dann bekommt etwa eine Dame, die das gar nicht lesen darf, was man da geschrieben hat und das gar nicht für sie bestimmt war, eine Mitteilung, die einen in beträchtliche Kalamitäten bringt. So etwas ist mir zwar noch nicht passiert. Ich hatte es nur von Freunden gehört und kontrollierte auch immer, an wen ich etwas schickte.

Aber an jenem späten Abend, als ich um halb zwölf im Redaktionsraum saß und arbeitete, ist mir so ein Fehler unterlaufen. Ich hatte die Datei mit dem Mopsbild 'Flop' benannt. Etwas anderes fiel mir unter dem ganzen Zeitdruck nicht ein. Das Titelbild für die Zeitung benannte ich verabredungsgemäß 'Top'. Ich weiß nicht genau, ob mir der Monitor einen Streich spielte, ein Staubkorn vielleicht das Mittelbälkchen beim F und dann auch noch das l bedeckte, jedenfalls, bei dem ganzen Stress und der Verantwortung, die auf mir lag, hatte ich nur kurz hingeguckt und das Mopsbild an die Druckerei geschickt. Gegen das Bild ist nichts zu sagen. Es ist eigentlich ganz originell. Man sieht den Willi von der Seite, er fährt gerade die Zunge heraus, und auch das

Gesicht von Anna Maria Taufenbach ist unverkennbar.

Den Fehler habe ich erst bemerkt, als ich die Samstagsausgabe in meinen Händen hielt. Da stand auf der ersten Seite als Titel: 'Kunstereignis in Meckenheim'. Für die Unterzeile hatte Aschenbrenner formuliert: 'Vernissage Anna Maria Taufenbach - Meckenheimer Prominenz erfreut sich an Schleckerei'. Darunter dann das Foto. Und ganz unten, am Ende des Artikels stand mein Kürzel S.F.

Ich habe die Dunkelheit abgewartet, meine notwendigsten Sachen eingepackt, bin nicht ans Telefon gegangen, das ununterbrochen klingelte. Auf dem Handy habe ich meinen besten Freund, Salvatore, angerufen.

"Du musst mich unbedingt abholen", sagte ich. "Ich sitze in der Klemme. Fahr nach hinten, wo der Garten ist. Da steig ich ein. Ich hab auch einen Hund mit. Pronto!"

Ich muss nicht erwähnen, dass ich meine Karriere bei der 'Meckenheimer Hauspost' als beendet betrachtete. Salvatore brachte mich nach Bonn. Den Eltern habe ich erklärt, dass es besser sei, Eis zu verkaufen, als intellektuellen Dingen nachzugehen. Ab jetzt würde ich bei ihrem Unternehmen mithelfen. Sie haben sich gefreut. Salvatore brachte den Hund zurück und kümmerte sich auch um die Wohnung. Ich selbst wollte in Meckenheim nicht mehr auftauchen. Aschenbrenner tut mir leid. Denn es ist sein Hund, sein Willi. Da, wo der immer liegt, hängt ein Trostspruch an der Wand. 'Wenn das Leben manchmal beutelt, mir das Glücksgefühl vereitelt, schau ich meinen Willi an und bin wieder besser dran.' Aschenbrenner hat sich diesen Spruch selbst gezimmert und blickt oft darauf. Aber da kann ich ja nichts für.

Rüdiger Schneider

Im Schloss

K. ging zu dem Mann am Tor. Er sagte: „Sie haben doch einen Schlüssel?! Würden Sie mir denn auch aufschließen?!"

Der Mann sagte: „Das darf ich nicht."

K. überlegte einen Augenblick. Dann sagte er: „Ich würde ja hier weit und breit auch niemanden stören?!"

Der Mann verzog irgendwie kurz das Gesicht und fauchte: „Ich kann für Sie keine Ausnahme machen."

„Ich verstehe", sagte K.

Nun erschien die Aufseherin am Tor. Sie hatte das Gespräch mit angehört. Sie sagte: „Das ist die neue Zeit!" und verschloss das Tor.

Stefan Koppermann

Nirwana Digital

Die Eine beugt sich tief zu K. „Der hat da so ein Hebelchen. Wenn der daran zieht, dann fliegt die Kuh vom Eis?! Du wirst schon sehen, glaube mir. Das ist Nirwana Digital."

Stefan Koppermann

Hank

K. redete irgendetwas von Verlusten. Ich habe es nicht genau verstanden. Er lief immer hin und her und redete und redete. Ich setzte mich und schaute ihm zu. Dann kam Hank, wedelte mit dem Schwanz und bellte zweimal. So ging das tagein, tagaus.

Stefan Koppermann

O Mito do Boto

O boto é um delfin rosado no Rio Amazonas. Ele é o animal Sagrado da Rainha das águas. De acordo com uma lenda dos índios, de noite o boto se transforma em um homem vestido de branco que sobe a orla e procura a mais bela garota da aldeia.

Com a garota ele fode com total prazer para depois desaparecer outra vez. E' por isso que em muitas certidoes de Nascimento, quando o pai é desconhecido, apenas consta 'Boto'.

Flavia Costa (Indianerlegende, mitgebracht vom Amazonas)

Land-Art

Die folgende Bildauswahl zeigt, wie man eine Landschaft geheimnisvoll macht. Goldene Fußabdrücke beginnen links vom Weg wie aus dem Nichts und enden am rechten Rand wieder im Nichts. Die Baumstämme im Wald bekommen musikalische Noten oder auch den Abdruck eines Geckos.

(Kunst- und Spray-Aktion vom Oktober 2019, Rüdiger Schneider)

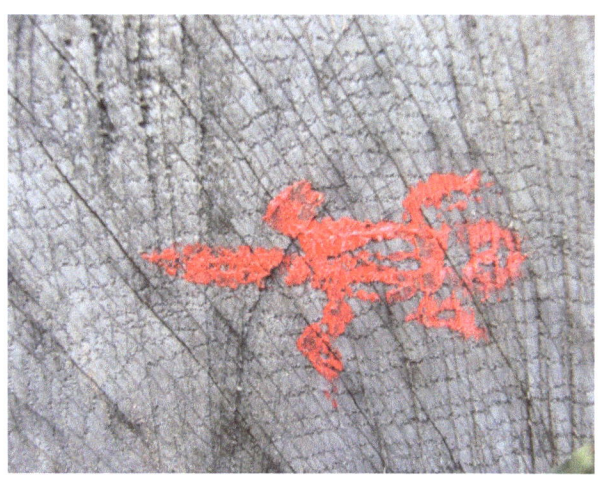

Stille Vernissage

Wer des Wortgeklingels, der Lobreden, der feierlichen Musik, der geschraubten Kommentare und des Weihrauchs bei Vernissagen müde ist, für den findet sich im Wald eine einzigartige Alternative. Ohne es so zu beabsichtigen haben Forstarbeiter eine großräumige Kunstlandschaft geschaffen, bei der man in Ruhe nähertreten und sie betrachten kann. Gemeint sind die meist farbigen und geheimnisvollen Markierungen, mit denen gefällte, aber auch noch stehende Baumstämme versehen sind. Was sie bedeuten, sei für den Kunstbetrachter unerheblich. Es sind reizvolle abstrakte Figuren und Tupfer auf einem einzigartigen Untergrund, der das Auge mit immer neuen Maserungen und Linien überrascht und zu freien Assoziationen herausfordert. Man hat hier im Wald Ruhe und Stille, dies zu betrachten. Für die Musik sorgt der Wind in den Bäumen. Die Spatzen singen dazu und der gelegentliche Ruf des Kuckucks gibt kluge Kommentare. Auch für das Buffet ist gesorgt. Wer von Bild zu Bild wandert, kann unterwegs Pilze und Beeren sammeln und ist damit köstlich versorgt. Die nachfolgenden als Beispiele ausgewählten Fotos mögen einen kleinen Eindruck vermitteln von einer stillen Ausstellung mitten im Wald, bei der man ohne Publikumstrubel geradezu meditativ versinken kann.

Rüdiger Schneider

La Boheme – eine Bilderreise
(Auswahl aus dem Bilderzyklus von Stefan
Koppermann, 2021))

38

Das Posthaus auf dem Brenner

Es ist der neunte September 1786. Die Sonne spielt mit den abendlichen Wolken, verbirgt sich hinter ihnen, schaut wieder hervor, verschwindet und behält schließlich die Oberhand. Ein schöner, ein kräftiger Abend kündet sich an. Nach Norden hin, zum Heiligen Römischen Reich Deutscher Nation, ist der Himmel grau, dunkel schon, sich nächtlich einschließend. Nach Süden zu, nach Italien, steht er transparent, wie eine illuminierte Wand aus feinstem Pergament.

Es ist kühl. Schon am Morgen, beim Aufbruch von Mittenwald, hatten winterliche Temperaturen geherrscht, ungebührlich für den Ausklang des Sommers, passend doch eher zum Februar. Er war, beim ersten Lichtstreif in der Frühe, in die Kutsche gestiegen, hatte sich in das Coupé gekauert, den Reisemantel umgeschlagen und den Dachsranzen wie zum Schutze gegen die Kälte auf den Schoß gelegt. Darin waren die Manuskripte des letzten, etwas dürren Jahres. Er wollte sie noch einmal umschreiben, von der Prosa in Verse bringen. Vielleicht. Vielleicht auch nicht. Das Schreiben war jetzt nur eine vage Bestimmung. Er wollte etwas anderes. Man würde sehen.

Es ist kühl, aber nicht mehr so wie am Morgen. Ob der Süden, hier auf dem Brenner, sich schon ankündet? Oder ob das Gestein am Abend nur die leidliche Wärme abstrahlt, die es vom Tage aufgenommen hat? Die Berge überhaupt scheinen ihm elektrisch zu pulsieren, so als zögen eine andere Aura und Atmosphäre herauf. Er verfällt auf die absonderlichsten Theorien zur Entstehung des Wetters.

Er trägt einen grünen, warmen Reiserock. Das erste Mal, dass er seit Karlsbad die Kleider gewechselt hat. Seit dem vierten September, seit diesem Aufbruch von Karlsbad, in der Frühe um drei, ist er nicht aus den Reisekleidern gekommen. So als habe er Angst, alles doch noch einmal umzustoßen: diesen heimlichen Aufbruch, die Flucht, das Unternehmen, sein Unternehmen, den Abschied, den Skandal, der damit verbunden war. Sie alle wähnten ihn noch in Karlsbad oder in den Böhmischen Wäldern. Nur dem Herzog gegenüber hatte er ein paar Andeutungen gemacht.

Noch war es ja Zeit, zurückzukehren nach Weimar, das Ministeramt weiterzuführen und sich Manieren beibringen zu lassen im Hause der Frau von Stein. Charlotte von Stein, die, stets in untadeliges Weiß gekleidet, so ihre eigenen Vorstellungen von Sittsamkeit hatte. Sie hatte ihn, der aus Süddeutschland genauso genialisch wie ungehobelt eingefallen war in das kleine Herzogtum, gemäßigt, erzogen, ihm höfisches Benehmen beigebracht. Jetzt, da sie mit dem Resultat zufrieden war, würde sich aus dieser Verbindung vielleicht mehr entwickeln können. Doch er hielt es für gesünder, sie auch weiterhin abstandsvoll ‚Schwester' zu nennen. Denn für das Sinnliche war sie nie so recht zu erwärmen gewesen. Man konnte mit ihr gut über die Natur reden. Aber man durfte der Natur nie ihren freien Lauf lassen.

In Italien würde es sich in dieser Hinsicht, und nicht nur in dieser, angenehmer leben lassen. Für die Zukunft ein einfaches Zimmer, einen Strohsack mittendrin, breit genug und mit zwei Kissen, einen Holztisch am Fenster, eine Öllampe.

Das war's. Das war genug. Und wenn er dann am Morgen den Fensterladen öffnen würde, blickte ihm direkt die Sonne entgegen und die Pinienwipfel unweit des römischen Kapitols. Und das Mädchen, das sich noch schlaftrunken räkelte, würde ihn den Gang zu antiken Ruinen noch um ein paar Stunden verschieben lassen. Der Disput mit Amor würde in Italien ein recht natürlicher sein. Er müsste dort nicht seine Seele verkaufen, sich knebeln, binden, erziehen, gefangen nehmen lassen und wie in Weimar fortwährend goldene Äpfel in eine silberne Schale legen. Gewiss, er würde weiter Briefe schreiben an die Dame von Stein, viele Briefe, und seine Reise als eine bildungsmäßige installieren. Landschaftsbeschreibungen, Berichte über Forschungen, Steine, Pflanzen, antike Ruinen. Das war es doch, was sie hören wollte, was überhaupt alle hören wollten. Seine Aufzeichnungen würde er später mit der Schere zusammenschneiden, gesammelt herausgeben. ‚Italienische Reise'. Das wäre doch ein hübscher Titel. Das würde das offiziell Geschriebene sein. Mögen sie sich doch daraus wieder ihre Begriffe und Kategorien bilden, wie sie es bis zum Überdruss beim ‚Werther' getan hatten. Jetzt, an diesem Abend auf dem Brenner, hatte er Sehnsucht nach Sonne, nach Ruhe, in Ruhe gelassen werden. Sehnsucht nach Neuem, nach Neusein, nach Unbekanntsein. Mindestens zwei Jahre in Italien bleiben. Den Reiseführer, den Volkmann, den er in seinem Mantelsack verstaut hat, könnte er eigentlich im Posthaus liegen lassen. Seine Fahrt ist kein Rezept.

Was soll er mit dem Buch? Überhaupt ist ihm alles Schreiben in den letzten Jahren so schwer geworden, substanzlos, ein Greifen nach Schatten nur. Worte sind so blass. Da doch lieber einen Hexameter auf einen glatten, braunen Mädchenrücken fingern. Oder eben, und das wird er versuchen – ist es denn nicht seine eigentliche Bestimmung?- malen. Die Dinge abbilden. So abbilden, dass ihr Wesen deutlich hindurchscheint. Italien einfangen in einem Bilderrahmen. Malen, nichts als malen. Er hat sich, in Karlsbad schon, ein Pseudonym überlegt. Ein anderer sein. Die Zeit inkognito verbringen. Der Pfarrer, der für die Wohnliste, für die Registrierung im Stadtbezirk zuständig ist, soll ihn eintragen als Filippo Miller, tedesco, pittore, 32, ein paar Jahre jünger als er wirklich ist. Er soll ihn um Himmels Willen nicht eintragen als Goethe. Das ist abgelegt wie eine Schlangenhaut. Und doch nicht abgelegt. Nicht ganz. Er hat ja die Manuskripte dabei, die ‚Iphigenie‘ zum Beispiel.

Eine Überarbeitung unter verändertem Licht, wenn einem der Norden nicht mehr auf den Scheitel drückt, wird so falsch nicht sein. Wenn es eben mit der Malerei nicht gelingen sollte. Er hatte schon einmal, Jahre ist es her, um ein Orakel heraufzubeschwören, sein bestes Messer über ein Weidengebüsch dem Rhein zugeworfen. Landete es im Weiden-gebüsch, würde er Dichter werden. Landete es im Wasser, dann Maler. Er hatte den Flug des Messers auf dem letzten Meter nicht sehen können. Mag sein, dass es das Wasser getroffen hatte. Vielleicht aber hatten es auch die am Ufer überhängenden Zweige aufgefangen. Die Sache blieb unbestimmt. Und das war ihm recht so. Denn alles Unbestimmte forderte die Phantasie heraus, hielt lebendig. Das Unvollständige war produktiv.

Nichts Unbestimmtes und Unvollständiges zu haben, das war wie ein früher Tod. Sterben aber konnte man immer noch, musste man immer noch. Ein bisschen unbestimmtes Leben dazwischen war nicht schlecht. Italienische Sonne, ein italienisches Mädchen, eine Flasche Rotwein und dann doch trotz allem oder gerade deswegen etwas auf die Leinwand oder das Papier gebracht zu haben, darin eigentlich mochte sich Leben zeigen. Die Götter würden auf seiner Seite sein. Italien war keine schlechte Wahl. Der Geliebten gegenüber wird er sich dankbar und erkenntlich zeigen. Nicht nur Kleider, Ohrringe und Perlenketten wird er ihr schenken. Auch Elegien wird er ihr widmen. Er weiß es, die Unbekannte, die ihn erwartet, wird sein Herz zum Glühen bringen. Reizvoll wird die erste Begegnung sein. Wenn sie sich noch ein wenig sträubt, ziert, eine kleine, erträgliche Spanne Zeit vor das Letzte schiebt. Er hört es schon. Er kann es sich ausmalen. Wenn sie bei der ersten Aufforderung den Kopf schüttelt, dann aber, im Blick schon alles ankündend, sagt: „Venite domani!" – „Kommen Sie doch morgen!"

Kühl ist der Abend, aber schön. Jetzt geht er mit einem Bogen Papier und einem Bleistift um das Posthaus. Er inspiziert es aus verschiedenen Perspektiven. Er will das Bild festhalten. Er wandert umher, prüft den Blickwinkel, wirft erste Striche auf das Papier. Er ist unzufrieden mit dem Beginn, steckt den Bleistift ein, zerreißt das Papier. Der Norden, den endgültig zu verlassen er sich gerade anschickt, ist magnetisch, macht den Geist schwer und unempfänglich. Er wandert um das Posthaus herum, Zweifel melden sich wieder. Hier oben auf dem Brenner, auf der Grenze zwischen Nord und Süd, wäre es ja noch früh genug zurückzukehren. Hat er sich nicht verrannt in Sonnenträume, in Träume vom Malen? Charlotte von Stein fällt ihm wieder ein, die Mahnende, die stets fest und vernünftig im Leben Stehende. Hatte er ihr nicht einmal dankend geschrieben: ‚Tropftest Mäßigung dem heißen Blut…'? Wäre es nicht besser, morgen über Innsbruck zurückzukehren nach Mittenwald, nach München, nach Regensburg, nach Karlsbad und dann nach Weimar?

Da kommt der Wirt heraus, eilt ihm entgegen: „Die Pferde! Die Pferde!" ruft er wie in einer heftigen Verlegenheit. Er brauche sie schon am nächsten Tag zurück. Zum Einfahren des Grummets. Unaufschiebbar sei das. Ob denn der fremde Herr nicht schon in der Nacht fahren könne? Ja, doch, der Mond scheine, und die Strecke sei unter diesen Bedingungen nicht gefährlich. All das könne man an diesem Abend erkennen. Die Atmosphäre sei der Wolken Herr geworden. Die Pferde würden den Weg nach Bozen, nach Italien kennen. Auch bei Nacht.

„Die Atmosphäre, mein Herr, ist der Wolken Herr geworden." Wie er das gesagt hat! Genau hinein in die schwankenden Überlegungen. „Ja, bitte!" sagt er zu dem Wirt. „Ja! Spanne er die Pferde an!" Die Fahrt, den reißenden Etschfluss hinunter, der Postillon wundert sich. Mondflimmernd ziehen die Berge vorbei. Es ist Nacht. Der Gast in der Kutsche schläft nicht. Er hört ihn singen, unverständliche Verse deklamieren und einen Rhythmus klopfen auf die Bank oder das Reisegepäck.

Dem Gast ist es egal, was der Postillon denken mag. Ihm ist es überhaupt egal, was andere von nun an über ihn denken, vor allem die Frau von Stein. Cose della vita. Die Dinge des Lebens. Die lagen jetzt vor ihm und kamen näher. Ein einfaches Zimmer, ein Strohsack, ein Tisch, eine Öllampe. Und Zeit und Sonne und Ruhe. Und endlich ein Weib. Zeigten einem nicht schon die Götter der Antike, dass dies eine unabdingbare Kraft war?

„Jetzt, jetzt ist er toll geworden!" denkt der Kutscher. Denn er hört ihn nun laut rufen: „Hey, Kutscher, halt er an!" Und kaum, dass die Pferde gezügelt sind und der Wagen hält, öffnet sich der Verschlag, wird sogleich wieder zugeworfen, und dann klettert dieser seltsame Gast hoch zu ihm auf den Kutschbock.

„Lass er mich die Nacht doch lieber hier verbringen!" sagt er und setzt sich neben ihn. Und kaum, dass die Pferde antraben, beginnt er wieder diesen Rhythmus zu trommeln und beginnt – Launen haben diese Herren! – wahrhaftig zu deklamieren: „Oh, wie fühl ich in Rom mich so froh! Und belehr' ich mich nicht, indem ich des lieblichen Busens Formen spähe, die Hand leite die Hüften hinab?

Hey, Kutscher, sag' er, wie findet er das? Ist es nicht klassisch, den Hexameter auf den Rücken einer schönen Römerin zu fingern?"

Hell und mondbeschienen ist der Weg. Silberflimmernd rauscht die Etsch vorbei. Der Postillon schweigt. Aber mit einem Male lässt er die Peitsche durch die Nacht sausen, so dass die Pferde rascher gegen Bozen eilen.

Rüdiger Schneider

Chinesische Wasserträgerin

Es war einmal eine alte chinesische Frau, die zwei große Schüsseln hatte, die von den Enden einer Stange hingen, die sie über ihren Schultern trug. Eine der Schüsseln hatte einen Sprung, während die andere makellos war und stets eine volle Portion Wasser fasste. Am Ende der langen Wanderung vom Fluss zum Haus der alten Frau war die andere Schüssel jedoch immer nur noch halb voll.

Zwei Jahre lang geschah dies täglich: die alte Frau brachte immer nur anderthalb Schüsseln Wasser mit nach Hause. Die makellose Schüssel war natürlich sehr stolz auf ihre Leistung, aber die arme Schüssel mit dem Sprung schämte sich wegen ihres Makels und war betrübt, dass sie nur die Hälfte dessen verrichten konnte, wofür sie gemacht worden war.

Nach zwei Jahren, die ihr wie ein endloses Versagen vorkamen, sprach die Schüssel zu der alten Frau: "Ich schäme mich so wegen meines Sprungs, aus dem den ganzen Weg zu deinem Haus immer Wasser läuft."

Die alte Frau lächelte. "Ist dir aufgefallen, dass auf deiner Seite des Weges Blumen blühen, aber auf der Seite der anderen Schüssel nicht?" Ich habe auf deiner Seite des Pfades Blumensamen gesät, weil ich mir deines Fehlers bewusst war. Nun gießt du sie jeden Tag, wenn wir nach Hause laufen. Zwei Jahre lang konnte ich diese wunderschönen Blumen pflücken und den Tisch damit schmücken. Wenn du nicht genauso wärst, wie du bist, würde diese Schönheit nicht existieren und unser Haus beehren."

Also, an all meine Freunde mit einem Sprung in der Schüssel, habt einen wundervollen Tag und vergesst nicht, den Duft der Blumen auf eurer Seite des Pfades zu genießen.

(Zugeschickt von Angélique P.)

Blaue Geige 01

Der Sommer geht zur Neige.
Es wird allmählich kühl.
Die Socken in der Hand.
Man spielt die blaue Geige.
Man spielt sie mit Gefühl.
Man spielt sie mit Verstand.

Stefan Koppermann (aus dem Gedichtband
‚Malibu, Mode, Meeresrauschen')

Blaue Geige 02

Spiel mir was von Rieu.
Spiel was auf der blauen Geige.
Dann sage ich: Ciao und Adieu.
Meine Kunst, die geht zur Neige.

Man nannte ihn nur den Hengst.
Den Hengst der wilden Hühner.
Und so wurden sie alle längst
Dreister, fetter, kühner.

Spiel mir was von Garrett.
Spiel was auf der blauen Geige.
Ich lege mich aufs Nagelbrett.
Ich lege mich auf Ahornzweige.

Stefan Koppermann (aus dem Gedichtband
‚Malibu, Mode, Meeresrauschen')

Regensburger Rhapsodie

Es gurgelt die Donau
Und in ihr der Waller.
Seit Urzeiten die Frau
Findet hier ihren Knaller.

Stefan Koppermann (aus dem Gedichtband
‚Unterwegs nach Sterley')

Lolita

Die kommt mit Lutscher
An die Bushaltestelle.
Und dem Droschkenkutscher
Brennt sogleich die Fontanelle.

Stefan Koppermann (aus dem Gedichtband
‚Malibu, Mode, Meeresrauschen')

Ohne Titel

Hier und da
Ein Sturm und Drang.
Hier und da
Ein graues Meer.
Hier und da
Ein Neuanfang.
Hier und da
Eine Wiederkehr.

Stefan Koppermann (aus dem Gedichtband
‚Unterwegs nach Sterley')

Fantasie
(für Albert Einstein)

Wichtiger als all das Wissen
Ist unsere Fantasie.
Nicht Daten und Fakten wir vermissen
Sondern im Alltag die Poesie.

Stefan Koppermann (aus dem Gedichtband ‚Poesie
deluxe')

Ohne Titel

Die gute, alte Bürgerstube
Ist heute komplett verseucht,
Mutiert zu einer Abfallgrube
Und eher trocken als feucht.

Stefan Koppermann (aus dem Gedichtband
‚Fußball, Bier und Freunde')

4 Wände
(für Franz Kafka)

K. meinte lax:
Kommt mal ans Ende.
Nicht schnurstracks.
Nein. Um alle 4 Wände.

Stefan Koppermann (aus dem Gedichtband
‚Nirwana Digital')

Kongo

Wenn die Augen der Krokodile
Rot in die Nacht leuchten,
Wird es Zeit für Spiele:
Das Trockene zu befeuchten.

Die Raddampfer schaufeln dann den Fluss
Hinauf unter Stöhnen und Ächzen.
Die fröhliche Partygesellschaft muss
Erstmal nach Kurzweil lechzen.

Der Kongo, Mutter aller Flüsse.
Der Kongo. Heimatliches Leben.
Deine Liebe, deine wilden Küsse,
Dein glanzvolles Weiterstreben.

Stefan Koppermann (aus dem Gedichtband
'Nirwana Digital')

Stangenfieber

M. sehnte sich nach Liebe.
Liebe, die er nicht bekam.
Sein Vater: Das sind die Triebe,
Die legen dich nun lahm.

Doch M. hörte nicht darauf,
Denn er glaubte an seinen Lauf.
Sein Vater: M. mein Lieber,
Du hast das Stangenfieber!

Seine Perle hielt ihm die Stange,
Doch es dauerte nicht so lange,
Da verloren sie sich aus den Augen.
Sein Vater: Wozu wirst du je taugen?

Stefan Koppermann (aus dem Gedichtband
‚Unterwegs nach Sterley')

Piano

Der Mann da am Klavier,
Der fing an zu klimpern.
Man bestellte sich das Bier
Und redete übers Pimpern.

Stefan Koppermann (aus dem Gedichtband
,Fußball, Bier und Freunde')

Brechungen des Seins

Verlier dich in den Morgen,
der nicht kommt,
tritt heraus aus dem Abend,
welcher nie gewesen,
meide die Straßen,
wo alle fahren,
wandere auf Wegen,
die niemand kennt,
umarme die Frauen,
die keiner will,
küsse die Kinder,
die doch folgen,
vergiß den Sinn
deines Lebens,
dessen Sinn
bist du.

Harald Reto Fonio

Santiago

Ahnung, die ich einst verloren,
wiederkehrend wie im Traum,
rätselhaft hineingeboren
in den großen, weiten Raum.

Neue Fluten, hohe Wogen,
Sterne nachts am Himmelszelt
und der Horizont ein Bogen,
Tor zu einer neuen Welt.

Auf Asphalt und stillen Wegen,
Santiago, Weib und Herz,
Kerzen, die den Brand neu legen,
von der Erde himmelwärts.

Rüdiger Schneider

‚Mach aus ihm einen Prinz!'
(Romanauszug)

Bei Helmut, mit dem ich jetzt verheiratet bin, dachte ich bei unserem ersten Date: „Was hat er nur für Unarten! Das geht gar nicht!" Aber ein bisschen verliebt war ich schon. Sollte ich ihn an die Wand werfen? Nein. Das gelingt nur im Märchen. Also musste ich ihn erziehen. Aber bitte so, dass er es nicht merkt. Das ist mir nun gelungen. Helmut ist lieb, aufmerksam, nimmt mir viele Arbeiten ab, wäscht und bügelt sogar, hat kochen gelernt und versorgt mir, bin ich unterwegs, Haus und Hund.

Bei meinem ersten Mann, Hans-Günther, der sich durch besonders viele Unarten auszeichnete, hatte ich den Fehler begangen, die Erziehung zu offensichtlich zu machen. Ich habe ihn mit Imperativen überschüttet. Er merkte es, bockte, und dann – ja, ich schäme mich fast, es zu schreiben – geschah die schon klassische Nummer. Hans-Günther ging Zigaretten holen und kam nie wieder. Ich weiß nicht, wo er hin ist. Zurück blieben Hemden, Hosen und allerlei persönlicher Kram, auf den er leichten Herzens verzichtet hatte. Zum Glück waren wir noch nicht verheiratet, sondern nur verlobt, so dass es keine bürokratischen Probleme gab. Er war einfach weg.

Mein Erziehungsversuch war gescheitert. Ich hatte immer gesagt: „Du musst… du darfst nicht… das tut man nicht, Hans-Günther… mach es bitte anders… oh Gott, warum schon wieder?... lernst du es denn nicht?... befolge doch bitte, was ich dir sage!... wenn du ein Hörgerät brauchst, gib es doch endlich zu; es ist keine Schande."

Im Nachhinein weiß ich: Das war alles zu direkt. Ich war ihm auf die Nerven gegangen. Er hatte die Notbremse gezogen, die Flucht ergriffen. Ein bisschen leid tat er mir schon. Denn Hans-Günther hatte keine Arbeit, kein Geld. Ich hatte ihn ernährt, ihn auch großzügig mit Taschengeld versorgt und geglaubt, dass er sich dafür dankbar zeigen würde und hatte daraus mein Recht abgeleitet, ihm Unarten abzugewöhnen. Hans-Günther hatte viele. Er schlief lange, hatte kein Interesse an einem gemeinsamen Frühstück, ging erst nachmittags mit Paulchen, meinem Pudel, spazieren, hat den Hund dabei dreimal verloren, hockte viel zu oft an der Theke, weigerte sich, im Sitzen sein nasses Geschäft zu verrichten, putzte widerwillig die Fenster, so dass sie nachher nur noch schlimmer aussahen, erwies sich bei Gartenarbeiten als so ungeschickt, dass ich einen Gärtner beauftragen musste. Im Haushalt hat er nie geholfen, ließ alles herumliegen. Besonders reinlich war er auch nicht. Ich musste ihn mit Engelszungen überreden, unter die Dusche zu gehen. „Zweimal die Woche reicht doch", hatte er gemeint. „Nein, Hans-Günther", hatte ich erwidert. „Das machst du täglich. Einmal, wenn du aufstehst und dann, bevor du wieder zu Bett gehst. Auch wenn zwischen diesen beiden Ereignissen nicht viel Zeit verstreicht." Ach, es war so Vieles, was das Leben mit ihm schwierig machte! Manchmal aber konnte er auch richtig lieb sein. Dann sah er mich mit seinen treuen Dackelaugen an und sagte: „Ach, Martha, wenn ich dich nicht hätte!"

Bei Helmut ist das nun anders und glücklich gegangen, weil ich aus den Fehlern, die mir bei Hans-Günther unterlaufen sind, gelernt habe. Ich habe die Methode des indirekten Imperativs angewandt. Zum Beispiel beschnüffle ich ihn nicht, wie ich das bei Hans-Günther gemacht habe, sage nicht: „Marsch ab unter die Dusche!" Nein, ich streichle ihm sacht über seinen Haarkranz, sage: „Ach, wäre das schön! Jetzt ein warmer Regen und wir beide nackt im Wald."

„Kannst du haben", sagt Helmut. „Komm mit unter die Dusche!"

So mache ich das bei vielen Dingen. Beim Kochen, Bügeln, Putzen, Wäsche waschen. Der indirekte Imperativ ist nichts anderes als eine geschickte Verführung, wobei ich mir den Trieb der Herren zunutze mache. So wie das mit der Belohnung auch bei einem Hund ist. Das habe ich nun gelernt.

Martha Meisenheimer

Martha Meisenheimer, Jahrgang 1968, arbeitet als Tanzlehrerin und Animateurin auf einem Kreuzfahrtschiff. Während sie auf See ist, versorgt ihr Mann Haus und Hund. Mit ihrem ersten Roman ‚Mach aus mir einen Prinz!' gewann sie 2008 den mit 30 000 Euro dotierten Literaturpreis des Buchhändlerverbandes Baden-Württemberg für das beste Debüt. Wir danken der Autorin für die Erlaubnis, eine Kostprobe des Romans abdrucken zu dürfen.

Das Weihwasserbecken
(im Gespräch mit Weihbischof Alexander Lüthi)

Alexander Lüthi

R. „Eure Exzellenz, zunächst einmal herzlichen Dank, dass Sie mich empfangen haben.“

L. „Aber selbstverständlich. Dazu ist die Kirche da. Wo drückt der Schuh, mein Sohn?“

R. „Warum sind ausgerechnet in der Corona-Zeit die Weihwasserbecken leer? Müsste man nicht gerade von geweihtem Wasser erwarten, dass es hilft?“

L. „Schon, schon. Das tut es auch.“

R. „Und warum dann leer?“

67

L. „Vorschrift des Staates. Dem müssen wir uns leider fügen."

R. „Ich dachte, die Kirche sei Gott verbunden."

L. „Schon, schon. Du kennst doch gewiss das Bibelwort ‚Gebt dem Kaiser, was des Kaisers ist!'"

R. „Aber ausgerechnet geweihtes Wasser!"

L. „Da ist leider nichts zu machen."

R. „Könnten Sie nicht wenigstens geweihtes Desinfektionsmittel einfüllen?"

L. „Um Gottes Willen, mein Sohn! Das könnte beim Bekreuzigen in die Augen kommen."

R. „So gehorcht also die Kirche dem Staat. Und der Staat ist gottlos. Darf ich daraus folgern, dass auch die Kirche zur Zeit gottlos ist?"

L. „Diese Schlussfolgerung, mein Sohn, geht zu weit. Die Kirche darf sich nicht gegen den Staat stellen. Auch wir müssen irdische Vorschriften beachten. Für deinen sündhaften Gedanken lege ich dir zur Buße drei ‚Vaterunser' und drei ‚Ave Maria' auf. Danach gehe in Frieden und bereue, was du gedacht hast!"

(R: Rüdiger Schneider, L: Alexander Lüthi)

Zoogeschichte

Scheng Kaminski

Dies hier ist eigentlich keine Geschichte, sondern eher ein kleiner Essay. Ich fragte mich eines Sonntagmorgens – die Umgebung war leicht verschneit, durch die kahlen Winterbäume sah ich den Beton der Häuser, auf der sonst viel befahrenen Straße war es wohltuend still, wie auch überhaupt die Menschen sich versteckt hielten – ich fragte mich also an diesem Sonntagmorgen, ob es im Tierreich Depressionen gebe.

Nein, war die Antwort. Nur im Zoo. Ich erinnerte mich an Fernsehbilder, die ich vor ein paar Tagen gesehen hatte. Da standen zwei Löwen missmutig im Eingang ihrer Holzhütte und sahen in den Schnee. Eine Gruppe von Erdmännchen hockte stumm unter einer Wärmelampe. Affen saßen aneinander gekuschelt auf Ästen. Nur der Eisbär wirkte etwas munterer als sonst. Von den Elefanten habe ich nichts gesehen. Ich gehe davon aus, dass man sie zur Winterzeit nicht nach Afrika gebracht, sondern in einer Halle versammelt hatte.

Ich bin kein Psychotherapeut, aber die Verstimmung der Tiere war offensichtlich. Sie war größer als im Sommer. Größer bedeutet, dass sie also auch in der so genannten warmen Jahreszeit verstimmt sind. Beim Eisbären ist es natürlich umgekehrt. Da ist die Verstimmung im Sommer größer als im Winter. Man kann den Tieren leider oder auch Gott sei Dank nicht weismachen, dass es ihnen, weil sie fürsorglich mit Nahrung versehen werden, eigentlich gut geht. Eine solche Manipulation funktioniert nur beim Menschen. Dem kann man das einreden.

Trotzdem aber ist beim ‚Homo sapiens' die Depression die Volkskrankheit Nummer eins. Was bei mir zu der Überlegung führt, dass die Gesellschaft ein riesiger Zoo ist. Zwar gibt es, außer in Gefängnissen, keine Zäune und Gitter. Die Eingrenzungen und Beschränkungen sind eher mentaler, atmosphärischer Natur und schlagen sich nieder in den Lebensbedingungen und dem Umgang der Menschen. Ich will hier nur ein Beispiel aus der eigenen Erfahrung nennen.

Eine Busfahrt auf Tahiti ist ein Vergnügen. Der kleine Bus ist bunt, nach den Seiten hin offen, weil es warm ist, und innen sitzen immer welche mit einer Gitarre und singen. Eine Busfahrt hier ist ein Desaster. Alle sitzen oder stehen stumm, blicken starr aneinander vorbei oder fummeln am Smartphone und sind froh, wenn sie sich an der Haltestelle verabschieden können.

Was die Depressionen betrifft, gibt es natürlich ein Gefälle. Ich nehme an, dass sie zum Beispiel auf einer Nord-Süd-Achse geringer werden. Um im europäischen Raum zu bleiben, dürften Italien, Spanien, Portugal weniger davon heimgesucht werden. Aber auch auf einer Minimal-Achse, von Nordrhein-Westfalen aus gesehen nach Westen, wird es einen kleinen Unterschied geben. So scheinen mir die Holländer etwas munterer und weniger erstarrt zu sein.

Depressionen sind also gesellschaftlich bedingt. Das trifft auf die Tiere im Zoo zu wie auch auf das bundesdeutsche Gehege. Nun ist man hier zwar betont demokratisch und hätte im Rahmen der Gesetze, würde man sie beachten, theoretisch alle Freiheit, aber so ganz scheint das nicht zu funktionieren. Sonst gäbe es ja die zahlreichen Depressionen nicht. Da sich in unserem Land im Gegensatz zum Tierzoo der Körper frei bewegen darf, haben wir es also eher mit seelischen Einsperrungen zu tun. Es sind geistige Käfige, die nur einem Zweck dienen: den Menschen zum Gegenstand von Profit und Ausbeutung zu machen. Wer es schafft, in diesem Zirkusspiel von der Basis der Pyramide nach oben zu klettern, dem mag es etwas besser gehen. Gewiss aber ist es nicht. Egal, an welcher Stelle der Pyramide man sich befindet: Die Seele lässt sich nicht betrügen. Sie protestiert mit der Depression oder mit der Flucht in den Alkohol, was die Depression dann noch verstärkt. Dies weckte in mir die Frage: Was wäre, wenn Tiere alkoholische Getränke zu sich nehmen könnten?

Die in freier Natur würden die Getränke verachten oder höchstens ab und zu fröhliche Partys feiern. Zum Beispiel, wenn ein neues Erdmännchen geboren wurde oder eine Elefantenherde glücklich den Elfenbeinjägern entkommen ist.

Die eingangs erwähnten beiden Löwen aber, die missmutig in den Schnee sahen, würden nur noch Whisky saufen. Wie überhaupt der gesamte Zoo torkeln würde.

Scheng Kaminski verfasste den Essay vor der Coronazeit! Der Satz von der ‚theoretischen Freiheit' ist also einzuschränken, hat die Kanzlerin doch gesagt, sie könne das Reisen nicht verbieten, aber es so unangenehm wie möglich machen.

Check-In São Paulo

Den negativen Coronatest hatten wir. Mühsam war es und teuer. Der Test hat eine auf 72 Stunden befristete Gültigkeit und ausgerechnet war in unserer Provinz Rio Grande do Sul Feiertag. Also in eine andere Provinz fahren, in der es diesen Feiertag nicht gab. Von Porto Alegre also nach San Leopoldo in ein Labor. Im letzten Moment vor dem Flug von Porto Alegre nach São Paulo konnten wir uns das Quadrat mit dem QR-Code ausdrucken. Inlandsflug also von Porto Alegre nach São Paulo. Es ist der 3. Februar 2020. Mit KLM soll es weiter nach Amsterdam gehen. Aber, aber: „Für Amsterdam" sagte man uns am Check-In-Schalter „brauchen Sie auch einen Mutantentest, der nicht älter als vier Stunden sein darf. Fahren Sie mit dem Taxi in die Stadt und lassen Sie das machen!"

Die Maschine stand schon auf dem Rollfeld.

„Schaffen wir nicht!" sage ich. „Was ist mit den Franzosen? Wollen die auch einen Mutantentest?"

„Nein. Buchen Sie um nach Paris und von dort nach Düsseldorf. Da fallen aber neue Kosten an. Sie können mit Air France fliegen."

Wir buchen um.

Im Duty Free kaufe ich mir entnervt eine Flasche Whisky. Der Flug: 12 Stunden mit Maske in der Maschine. Um das blöde Ding vom Gesicht zu haben lutsche ich endlos lange an einer Dose Bier. Ebenso an einem Becher mit Kaffee, den ich mir mit Whisky verfeinert habe. Irgendwann aber sind die missbilligenden Blicke der Stewardess nicht mehr auszuhalten.

Landung in Paris. Beim Check-In für Düsseldorf konfisziert der Franzose meine Flasche Whisky. Wir dürfen nicht in die Maschine, weil wir keine Online-Anmeldung für die Bundesrepublik haben. Fummelei mit dem Smartphone. Es misslingt. Kein Netz im Flughafen. Im letzten Moment werden wir begnadigt und dürfen die Anmeldung schriftlich ausfüllen. In der ganzen Hektik haben wir unsere ausgedruckten Coronatests am Schalterpult liegengelassen. Wird es Ärger in Düsseldorf geben?

„Wir reisen mit kleinem Gepäck, Handgepäck", hatte ich in Brasilien gesagt. „Damit die in Deutschland denken, wir kommen von einem Wochenendtrip."

In Düsseldorf blockieren zehn uniformierte und mit Pistolen bewaffnete Zollbeamte den Ausgang.

Wir gehen gleichmütig auf sie zu. Sie bewegen sich zur Seite, lassen uns durch. Draußen springen wir in ein Taxi, fahren zum Hauptbahnhof. Bloß weg von den Beamten! Im HBF patrouilliert Polizei, überwacht die Maskenpflicht. Im ICE nach Köln brauche ich erst mal ein Bier, begebe mich ins Bistro.

„Zwei Bier bitte!"

„Der Alkoholausschank ist verboten!" werde ich beschieden.

Im Kölner Hauptbahnhof kaufe ich ein paar Döschen. Mit dem Regionalexpress geht es nach Bad Breisig. Ich ziehe mir die Maske auf das Kinn, knacke die erste Dose. Eine ältere Dame kommt an meinem Sitz vorbei, bleibt stehen, sieht mich vorwurfsvoll an. „Sie müssen eine Maske tragen!" sagt sie.

„Wie denn? Soll ich mir das Bier in die Maske schütten?"

Schimpfend geht sie weiter. Ob sie Alarm schlägt beim Zugbegleiter?

In Brühl steigt ein Marokkaner mit seiner deutschen Freundin zu. Die Frau bleibt neben mir stehen, lächelt. „Endlich sieht man mal sowas!" sagt sie. Die Beiden lassen sich auf den Sitzen am anderen Fenster neben uns nieder. Eine angeregte Unterhaltung über Wahnsinn und Geisteskrankheit beginnt. Und über Datenschutz und Überwachung.

Am nächsten Morgen in Bad Breisig bekommen wir eine SMS vom RKI. „Bitte melden Sie sich beim zuständigen Gesundheitsamt und begeben Sie sich in Quarantäne!"

Rüdiger Schneider

Querdenker – ohne Worte

Literaturtipps gegen Verdummung

„Übergreifendes Thema der Artikel ist der Trend unserer politischen Entscheidungsträger mangelnde Kompetenz durch erdrückende Ideologie zu kompensieren. An den Themen Corona, Klima und Atom wird die dramatische intellektuelle Dekadenz seit Helmut Schmidt hin zu Merkel, Baerbock, Neubauer und Thunberg deutlich. Vielleicht finden Sie als Leser eine Antwort auf die wichtige Frage von Mark Twain:

‚Werden wir von Genies regiert, die uns zum Narren halten, oder von Idioten, die es ernst mit uns meinen?'"

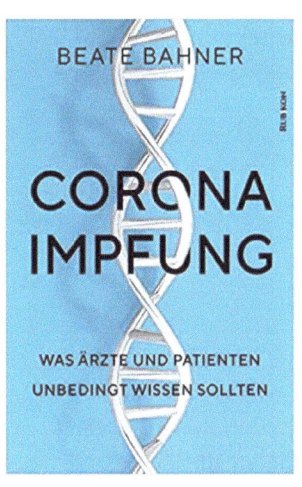

„Noch nie wurden Impfstoffe so schnell zugelassen und so wenig getestet. Noch nie wurden genbasierte, experimentelle Substanzen so vielen gesunden Menschen verabreicht. Noch nie gab es so viele Todesfälle und Nebenwirkungen im Zusammenhang mit einer Impfung. Und das ist erst die Spitze des Eisberges, denn die Langzeitfolgen könnten noch wesentlich gravierender ausfallen. Das Paul-Ehrlich-Institut, zuständig für die Erfassung von Nebenwirkungen bei Impfschäden, ist mit der Bearbeitung der gemeldeten Verdachtsfälle bereits völlig überlastet. Die medizinischen Risiken für jene, die sich impfen lassen, sind immens. Ebenso die rechtlichen Risiken für impfende Ärzte. Sind die Impfungen wirklich sicher? Überwiegt der Nutzen das Risiko? Das kann niemand sagen. Die Studien laufen noch, die Impfstoffe sind nur vorläufig zugelassen."

Die Herausgeber:

Stefan Koppermann wurde 1965 in Bensberg geboren. Er studierte Rechtswissenschaften in Köln und Regensburg. Nach ausgedehnten Fernreisen arbeitet er heute als Schriftsteller und Maler zeitweise auf den Kanaren und in Köln. 1989 hat er die Literaturzeitschrift 'Scheherazade' mitbegründet. Hier veröffentlichte er zahlreiche Gedichte und Erzählungen sowie Illustrationen.

Bisher sind folgende Gedichtbände erschienen:

Es knistert leis', 2004
Tila und der Tulpenbaum, 2006
Ins Nachtgrau, 2008
Bikinibombe, 2011
Malibu, Mode, Meeresrauschen, 2020
Nirwana Digital, 2020
Poesie deluxe, 2020
Unterwegs nach Sterley, 2021
Fußball, Bier und Freunde, 2021

Website: www.stefankoppermann.de

Rüdiger Schneider lebt abwechselnd in Brasilien und Deutschland. Statt sich über Microsoft, Updates, Maskenpflicht, Impfzwang, Smartphones, Digitalisierung und Klimawandel zu ärgern, geht er lieber mit seinem Esel spazieren.

Website: www.ruediger-schneider.net